云 南 省 地 方 标 准

路面纤维微表处施工技术指南

DB 53/T 2009—2015

人民交通出版社股份有限公司
China Communications Press Co., Ltd.

图书在版编目(CIP)数据

路面纤维微表处施工技术指南/云南云岭高速公路桥梁工程有限公司等著. —北京：人民交通出版社股份有限公司，2016.12
 ISBN 978-7-114-13588-0

Ⅰ.①路… Ⅱ.①云… Ⅲ.①纤维增强复合材料—路面面层—道路施工—地方标准—云南 Ⅳ.①U416.2-65

中国版本图书馆 CIP 数据核字(2017)第 005086 号

云南省地方标准

书 名：	路面纤维微表处施工技术指南
著 作 者：	云南云岭高速公路桥梁工程有限公司　云南省高原山区桥梁隧道加固工程技术研究中心　云南省公路开发投资有限责任公司　河南省高远公路养护技术有限公司
责任编辑：	郭红蕊　李　娜
出版发行：	人民交通出版社股份有限公司
地　　址：	(100011)北京市朝阳区安定门外外馆斜街 3 号
网　　址：	http://www.ccpress.com.cn
销售电话：	(010)59757973
总 经 销：	人民交通出版社股份有限公司发行部
经　　销：	各地新华书店
印　　刷：	北京鑫正大印刷有限公司
开　　本：	880×1230　1/16
印　　张：	1.75
字　　数：	44 千
版　　次：	2016 年 12 月　第 1 版
印　　次：	2016 年 12 月　第 1 次印刷
书　　号：	ISBN 978-7-114-13588-0
定　　价：	25.00 元

(有印刷、装订质量问题的图书由本公司负责调换)

云南省交通运输厅
云南省质量技术监督局
公 告

2015 年第 1 号

关于发布
《路面纤维微表处施工技术指南》
(DB 53/T 2009—2015)的公告

现发布《路面纤维微表处施工技术指南》(DB 53/T 2009—2015),自 2015 年 11 月 1 日起施行。

该规范的管理权归云南省交通运输厅,日常解释和管理工作由主编单位云南云岭高速公路建设集团有限公司负责。

请各单位在实践中注意总结经验,及时将发现的问题和修改意见函告云南云岭高速公路建设集团有限公司(地址:云南省昆明市联盟路 226 号,邮编:650224),以便修订时参考。

特此公告。

云南省交通运输厅
云南省质量技术监督局
2015 年 10 月 14 日

目　次

前言 III
1 范围 1
2 规范性引用文件 1
3 术语和定义 1
4 总则 2
5 材料 2
6 纤维微表处混合料设计 6
7 纤维微表处施工 9
8 施工质量控制 14
9 常见的问题及解决方法 18

前 言

本标准按照GB/T 1.1—2009《标准化工作导则 第1部分:标准的结构和编写》给出的规则编写。

本标准由云南云岭高速公路桥梁工程有限公司提出。

本标准由云南省交通运输厅归口。

本标准起草单位:云南云岭高速公路桥梁工程有限公司,云南省高原山区桥梁隧道加固工程技术研究中心,云南省公路开发投资有限责任公司,河南省高远公路养护技术有限公司。

本标准主要起草人:张亮　王云忠　岳学军　张志荣　陈建　侯曙光　杨强　张存华　张文琮　侯强　刘玉恒　周俊辉

路面纤维微表处施工技术指南

1 范围

本标准适用于路面纤维微表处施工。

2 规范性引用文件

下列文件对于本文件的应用是必不可少的。凡是注日期的版本适用于本文件。凡是不注日期的引用文件,其最新版本(包括所有的修改单)适用于本文件。

GB/T 1.1—2009　标准化工作导则　第1部分:标准的结构和编写
JTJ 073.2　公路沥青路面养护技术规范
JTG H20　公路技术状况评定规范
JTG E42　公路工程集料试验规程
JTG F40　公路沥青路面施工技术规范
JTJ E20　公路工程沥青及沥青混合料试验规程
JTG H30　公路养护安全作业规程

3 术语和定义

下列术语和定义适用于本标准。

3.1
纤维微表处　fiber micro-surfacing

纤维微表处技术是指采用专用机械设备将聚合物改性乳化沥青、级配集料、填料、纤维、水和必要的添加剂按照设计配比拌和成稀浆混合料摊铺到原路面上,并很快开放交通的具有高抗滑性和耐久性能的薄层结构。

3.2
稠度　consistency

反映稀浆混合料施工和易性和用水量的指标。

3.3
可拌和时间　mixing time

按照一定配合比进行稀浆混合料的拌和试验时,从掺入(改性)乳化沥青开始搅拌至手感有阻或费力,明显感到混合料开始凝结的时间。

3.4
破乳时间　break time

稀浆混合料摊铺到路面至混合料表面用吸水纸轻压后看不到褐色斑点的时间。

3.5
黏聚力　cohesion torque

用黏聚力试验仪,模拟车辆行驶时产生的水平力对混合料的影响,其施力手柄上试验后扭力表的读数,用以确定稀浆混合料的初凝时间和开放交通时间。

3.6
初凝时间 set time

稀浆混合料从摊铺至混合料黏聚力达到1.2N·m的时间。

3.7
开放交通时间 traffic time

稀浆混合料从摊铺至混合料黏聚力达到2.0N·m的时间。

3.8
湿轮磨耗试验 wet track abrasion test

在成型后的稀浆混合料上用湿轮磨耗仪磨耗一定时间后,测定试件磨耗前后单位磨耗面积的质量差,用g/m^2表示,用于确定稀浆混合料的最小沥青用量和评价混合料配伍性以及混合料的抗水损能力。

3.9
负荷轮黏附砂试验 load wheel test

在成型后的稀浆混合料上用负荷轮试验仪模拟车轮碾压,通过一定作用次数后,测定试件单位负荷面积的黏附砂量,用g/m^2表示,用于确定稀浆混合料最大沥青用量。

3.10
轮辙变形试验 stability and resistance to compaction test

用负荷轮试验仪模拟车轮在成型后的稀浆混合料上碾压,通过一定作用次数后,测定试样的车辙深度和宽度变化,以试样单位厚度的车辙深度和单位宽度的横向变形评价混合料的抗车辙能力。

4 总则

4.1 为指导纤维微表处设计、试验、施工、质量控制与竣工验收,保证工程质量,制定本指南。

4.2 纤维微表处罩面技术适用于满足结构强度要求的高速公路、一二级公路沥青路面的预防性养护罩面,以及水泥混凝土路面、水泥混凝土桥面、水泥混凝土隧道道面罩面或表面磨耗层。

4.3 纤维微表处作为表层罩面时应与原路面黏结牢固,有良好的抗滑性能和封水效果,坚实、耐久、平整。

4.4 纤维微表处施工,应遵守国家环保法规,注意保护环境。

4.5 纤维微表处施工应保证安全,有良好的劳动保护。

4.6 纤维微表处的设计、施工除遵照本指南外,还应符合现行国家及行业颁布的有关标准、规范和法规。

5 材料

5.1 改性乳化沥青

改性乳化沥青是纤维微表处罩面施工中的结合料,其质量的好坏,对罩面层质量的影响最直接、最明显。选用的改性乳化沥青应符合表1的规定。

表1 纤维微表处罩面用改性乳化沥青的技术要求

试验项目	单位	BCR	试验方法
筛上剩余量(1.18mm筛)	%	≤0.1	T 0652
电荷性质		阳离子正电荷	T 0653

表1(续)

试 验 项 目		单 位	BCR	试验方法
破乳速度			慢裂	T 0658
恩格拉黏度 E_{25}			3～30	T 0622
沥青标准黏度 $C_{25,3}$		s	12～60	T 0621
蒸发残留物含量		%	≥60	T 0651
蒸发残留物性质	针入度(100g,25℃,5s)	0.1mm	40～100	T 0604
	软化点	℃	≥57	T 0606
	延度(5℃)	cm	≥20	T 0605
	溶解度(三氯乙烯)	%	≥97.5	T 0607
	闪点	℃	≥240	T 0611
储存稳定性	1d	%	≤1	T 0655
	5d	%	≤5	

注：1. 乳化沥青黏度以恩格拉黏度为准，条件不具备时也可采用沥青标准黏度。
2. 必须选用阳离子型聚合物改性的乳化沥青，改性剂的剂量(改性剂有效成分占纯沥青的质量百分比)不宜小于3%。

5.2 集料

纤维微表处罩面所用集料可以采用不同规格的粗细集料、矿粉等掺配而成，也可以用大粒径的块石、卵石等经多级破碎而成。集料主要起骨架支撑作用，其表面必须干净、粗糙、无风化、无杂质，能与沥青良好黏结，保证路面整体性和黏结性。当单一规格集料的质量指标达不到表2要求，而按照集料配比计算的质量指标符合要求时，工程上允许使用。对受热易变质的集料，宜采用经拌和烘干后的集料进行检验。

表2 粗集料、细集料质量要求

材料名称	检 验 项 目	技术指标	试验方法
粗集料	石料压碎值(%)	≤24	T 0316
	洛杉矶磨耗损失(%)	≤26	T 0317
	磨光值(BPN)	≥42[①]	T 0321
	坚固性(%)	≤12	T 0314
	针片状颗粒含量(%)	≤15	T 0312
细集料	坚固性(%)	≤12	T 0340
	亚甲蓝值(g/kg)	≤2.5	T 0346
	棱角性(流动时间)(s)	≥30	T 0345
	砂当量(%)	≥65	T 0334

注：① 磨光值的要求见表3。

表3 磨光值的要求

雨量气候区	1(潮湿区)	2(湿润区)	3(半干区)	4(干旱区)
年降雨量(mm)	>1 000	1 000~500	500~250	<250
磨光值(BPN)	≥42	≥40	≥38	≥36

5.3 纤维

纤维微表处用纤维包括玻璃纤维、木质素纤维、聚合物纤维和矿物纤维等。纤维的类型和添加量需要通过试验进行确定,建议范围为石料质量的0.2%~0.4%。通过相关检测机构的检测得出结论和试验结果,纤维不仅可以大大改善沥青路面的黏结性、高温稳定性、疲劳耐久性,并且具有低温防裂和防止反射裂缝的性能。有效提高抗拉、抗剪、抗压及抗冲击强度,建议选用玻璃纤维进行微表处施工,如采用其他类型纤维,需通过试验和施工验证。微表处选用的玻璃纤维、聚酯纤维、玄武岩纤维应符合表4~表7的规定。

表4 纤维微表处用玻璃纤维质量技术要求

序 号	项 目	技 术 指 标
1	单丝直径	12~4μm
2	密度	2.7~2.78g·cm³
3	抗拉强度	2 000~2 100MPa
4	弹性模量	$(6.3~7.0)×10^4$MPa
5	极限延伸率	4.0%

表5 纤维微表处用木质素纤维质量技术要求

序 号	项 目	单 位	指 标
1	长度	mm	6±1.5
2	灰分含量	%	18±5
3	pH值	—	7.5±1.0
4	吸油率	—	不小于纤维质量的5倍
5	含水率(以质量计)	%	≤5

表6 纤维微表处用聚合物纤维质量技术要求

序 号	项 目	技 术 指 标
1	直径(mm)	0.010~0.025
2	长度(mm)	6±1.5
3	抗拉强度(MPa)	≥500

表6(续)

序 号	项 目	技 术 指 标
4	断裂伸长率(%)	≥15
5	断裂伸长率(210℃,2h)	体积无变化

表7 纤维微表处用玄武岩纤维质量技术要求

序 号	项 目	技 术 指 标
1	纤维长度	≤9mm
2	外观	金褐色
3	熔点	650℃
4	原料成分	100%玄武岩
5	含水率	<5%（以质量计）
6	耐高温性	220℃条件下,5h不熔化
7	抗拉强度	≥1 500MPa
8	断裂伸长率	2%~8%
9	密度	2.46g/mm³

5.4 填料

路面纤维微表处罩面中常用的填料有矿粉、水泥、消石灰等。填料应干燥、疏松、无结团且洁净，填料的掺加量必须通过混合料设计试验确定。纤维微表处选用矿粉应符合表8的要求,水泥指标要求见表9。

表8 纤维微表处用矿粉指标要求

项 目		单 位	高速公路、一级公路	其他等级公路	试验方法
表观相对密度		t/m³	≥2.50	≥2.45	T 0352
含水率		%	≤1	≤1	T 0103(烘干法)
粒度范围	<0.6mm	%	100	100	T 0351
	<0.15mm	%	90~100	90~100	
	<0.075mm	%	75~100	70~100	
外观			无团粒结块		
亲水系数			<1		T 0353
塑性指数			<4		T 0354
加热安定性			实测记录		T 0355

表 9 纤维微表处用水泥指标要求

试验项目		单 位	技术指标	试验方法
细度		%	≤10	T 0502
标准稠度用水量		%	≤30	T 0505
凝结时间	初凝时间	h	≥0.75	T 0505
	终凝时间		≤10	T 0505
抗压强度	3 d	MPa	≥10.0	T 0506
	28 d		≥32.5	T 0506

5.5 水

纤维微表处罩面层用水不得含有有害的可溶性盐类、能引起化学反应的物质和其他污染物,一般采用饮用水,具体水质要求见表10。

表 10 纤维微表处用水水质标准

外 观	pH值	硬 度
无色、透明、无异味、无杂质	6.5~8.5	<8 度

5.6 添加剂

5.6.1 添加剂的主要作用是调节稀浆混合料可拌和时间、破乳速度、开放交通时间等施工性能,并在一定程度上改善混合料的路用性能。

5.6.2 常用的添加剂包括无机盐类添加剂、有机类添加剂等。对于阳离子乳化沥青混合料,无机盐类添加剂一般会延长可拌和时间,延缓成型。添加剂种类和剂量、添加剂的掺加不应对混合料路用性能产生不利影响。

5.6.3 同一种添加剂对不同混合料体系的作用可能完全不同,不同混合料体系对各种添加剂的敏感程度也各不相同,因此不能照搬照抄已有经验,而是应针对工程实际通过试验确定某种添加剂的具体作用。

5.6.4 未经试验验证的添加剂不得在施工中采用。

6 纤维微表处混合料设计

6.1 纤维微表处混合料技术要求

6.1.1 纤维微表处混合料技术要求

路面纤维微表处混合料的室内试验技术指标应满足表11的要求。

表 11 纤维微表处混合料技术指标

试 验 项 目		技术指标	试验方法
可拌和时间(25℃)(s)		≥120	T 0757
黏聚力试验 (N·m)	30min(初凝时间)	≥1.2	T 0754
	60min(开放交通时间)	≥2.0	
负荷车轮黏附砂量(g/m²)		≤450	T 0755
湿轮磨耗损失 (g/m²)	浸水 1h	≤500	T 0752
	浸水 6d	≤750	
配伍性等级值		≥11	T 0758
轮辙变形试验的宽度变化率(%)		≤4	T 0756
劈裂抗拉强度(15℃)(MPa)		≥0.6	T 0716

6.1.2 纤维微表处混合料通常的材料用量范围

纤维微表处罩面层既可以单层铺筑,也可以双层铺筑。单层通常的材料用量范围可参照表12。

表 12 纤维微表处通常的材料用量范围

项　　目	MS-2	MS-3
养生后的厚度(mm)	4～7	8～10
集料用量(kg/m²)	6.0～15.0	15.0～22.0
油石比(沥青占集料的质量百分比)(%)	9.0～12.5	6.5～10.5
纤维用量(占集料的质量百分比)(%)	0.1～0.4	
水泥、消石灰用量(占集料的质量百分比)(%)	0～3	
外加水量(占干集料的质量百分比)(%)	根据混合料的稠度确定	

6.2 纤维微表处混合料配合比设计

纤维微表处混合料按集料最大粒径的不同,可分为 MS-2 型和 MS-3 型。MS-3 型纤维微表处,最大粒径为 9.5mm。纤维微表处配合比设计,应充分考虑路面要求、原路面状况、交通量、气候条件等因素。配合比设计流程见图 1。

6.2.1 纤维微表处的配合比设计步骤

应选择工程拟采用的各材料进行混合料的配合比设计。纤维微表处的配合比设计按下列步骤进行。

6.2.1.1 确定级配类型

根据选择的级配类型,按表13确定矿料的级配范围。计算各种集料的配合比例,使合成级配在要求的级配范围内。

6.2.1.2 初拟混合料配方

根据以往的经验初选改性乳化沥青、纤维、填料、水和添加剂的用量,进行拌和试验和黏聚力试验。可拌和时间试验的试验温度应考虑最高施工温度,黏聚力试验的试验温度应考虑施工中可能遇到的最低温度。

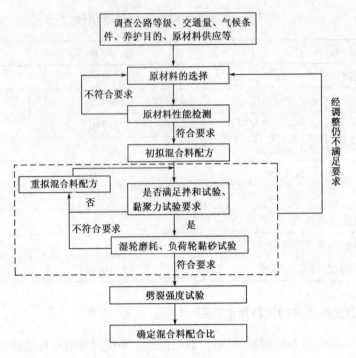

图1 配合比设计流程图

6.2.1.3 配合比确定

（1）根据上述试验结果和稀浆混合料的外观状态,选择3个左右认为合理的混合料配方,按表11规定试验混合料的性能,如不符合要求,适当调整各种材料的配合比例再进行试验,直至符合要求为止。

（2）当设计人员经验不足时,可将初选的3个左右的混合料配方分别变化不同的油石比,按照要求重复试验,并分别将不同沥青用量的1h湿轮磨耗值及砂黏附量绘制成图2的关系曲线,以1h湿轮磨耗值接近表11中要求的沥青用量作为最小油石比 P_{bmin},砂黏附量接近表11中要求的油石比为最大油石比 P_{bmax},得出油石比的可选择范围 $P_{bmin} \sim P_{bmax}$。

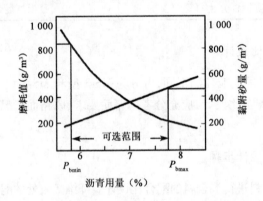

图2 确定稀浆混合料最佳沥青用量曲线

（3）在油石比的可选范围内选择适宜的油石比,使得在该油石比情况下混合料的各项技术指标均可以满足要求。对纤维微表处混合料,以所选择的油石比检验混合料的浸水6d湿轮磨耗指标,不符合要求时调整油石比重新试验,直至符合要求为止。

（4）根据劈裂强度试验及以往经验及配合比设计试验结果,在充分考虑原路面状况、气候及交通因素等的基础上综合确定混合料配方。

6.2.2 通过混合料设计,提出混合料设计报告。报告的内容应包括:
(1)改性乳化沥青、纤维技术指标。
(2)集料技术指标、矿料配合比和矿料设计级配。
(3)稀浆混合料配合比和技术指标。

7 纤维微表处施工

7.1 一般规定

7.1.1 纤维微表处施工前,施工单位(承包商)必须提供翔实的混合料设计报告。纤维微表处工程应由具有丰富设计经验的实验室进行验证性复核,并出具复核报告,符合技术要求后方可施工。

7.1.2 纤维微表处必须采用专用机械施工。纤维微表处摊铺机,必须具备纤维储藏、切割及分散装置,拌和箱必须为大功率双轴强制搅拌式,摊铺槽必须带有两排布料器,摊铺机必须具有精确计量系统并可记录或显示纤维、矿料、乳化沥青等的用量。

7.1.3 纤维微表处施工的气候条件应满足:
(1)施工、养生期内的气温应高于10℃。
(2)不得在雨天施工,施工中遇雨或者施工后混合料尚未成型就遇雨时,应根据情况进行相应的处理。

7.1.4 严禁在过湿或积水的路面上进行纤维微表处施工。

7.1.5 微表处和稀浆封层用于路面养护工程时,施工现场的交通控制应严格按照《公路养护安全作业规程》(JTG H30)的要求进行,保障养护作业安全。

7.2 对原路面的要求

7.2.1 沥青混凝土路面

纤维微表处施工前,原沥青混凝土路面应满足以下要求:
(1)原路面必须有足够的结构强度。原路面整体结构强度不足的,不应采用微表处或稀浆封层罩面;原路面局部结构强度不足的,必须根据具体情况选择合适的方法进行补强。
(2)原路面15mm以下的车辙可直接进行纤维微表处罩面;深度15~25mm的车辙应首先进行微表处车辙填充,然后再进行纤维微表处罩面,也可采用双层纤维微表处;深度25~40mm的车辙应首先采用多层微表处车辙填充;深度40mm以上的车辙,不宜采用微表处车辙填充处理。
(3)原路面宽度大于5mm的裂缝应进行灌缝处理。
(4)原路面局部破损(如坑槽、松散等)应彻底挖补。
(5)原路面的拥包等隆起型病害应事先进行处理。

7.2.2 水泥混凝土路面

纤维微表处施工前,原水泥混凝土路面应满足以下要求:
(1)原水泥混凝土路面应进行拉毛处理。
(2)原路面存在脱空时,应采用注浆技术对原路面脱空板块进行处理,保证下承层的稳定性。
(3)原路面存在破碎板时,对于轻度破碎板,根据裂缝的具体情况,采用封闭裂缝的方法处治;对于重度破碎板,应对水泥混凝土面板进行更换,对板下基层病害应在换板时一并进行处治。
(4)原路面存在裂缝时,对于宽度小于3mm的轻微裂缝,可采用扩缝灌浆的方法处理,对于混凝土板表面的裂缝,可不进行处治,在进行罩面时一并处理;对于贯穿板面全厚的宽度在3~10mm的裂缝,可直接灌缝处理;对于大于10mm的重度裂缝,采用全深度补块进行处理。

（5）原路面存在板角断裂时，轻、中度板角断裂采用封闭裂缝的方法处治；严重板角断裂可采用角隅全厚式修补或横向全厚式修补处治。

（6）原路面存在错台时，对于高差小于5mm的轻微错台，可不作处理；对高差大于5mm的错台，可采用机械打磨的方法进行局部处治。

（7）原路面存在接缝料损坏时，应清除接缝内杂物，并将接缝内灰尘吹净后，重新施作接缝料。

7.3 施工准备

7.3.1 施工前的准备

7.3.2 原路面的处理

纤维微表处施工前，应对原路面进行检查，确认原路面满足7.2的要求。根据原路面的情况，有针对性地采取相应的措施进行处理。

7.3.2.1 施工后场的准备

（1）根据工程所在地交通、周边建筑及用地等情况确定施工后场的位置。

（2）料场的大小，应根据工程规模而定，应考虑乳化沥青生产及储存、纤维的储存、集料的筛分掺配、集料规格的多少等因素。总之，应当从材料的存放、生产、设备的摆放、车辆的进出、掉头、装料、停放等方面考虑。

（3）在可选择的情况下，应考虑料场距石料场及距施工现场的距离。

（4）考虑施工、生产、生活用水用电的方便性，施工车辆、材料运输车辆进出道路的承载能力，并考虑场地排水、设备停放安全等。

（5）尽可能选择平坦的、硬化的、租赁价格合理的场地。

7.3.2.2 材料准备

（1）集料的选用：根据表2对集料的技术要求初步筛选料源。在初步确定料源后，在石料场料堆上取样送交实验室进行配合比设计。取样应参考《公路工程集料试验规程》（JTG E42—2005）中T 0301—2005，将满足配合比设计要求的集料，作为施工原材料的来源。

（2）改性乳化沥青的选用：采用成品改性乳化沥青时，应取代表性的样品送交实验室进行性能检测，检测合格后购买并妥善储存；当采用自产改性乳化沥青时，若经检测不合格，调整配方后重新生产，直至符合技术指标要求。

（3）纤维的选用：在稀浆混合料中掺加的纤维可采用玻璃纤维、木质素纤维、聚酯纤维和矿物纤维等。纤维应存放在室内或有棚盖的地方，松散纤维在运输及使用过程中应避免受潮，不结团。其技术指标应符合本指南5.3中的要求。

（4）填料的选用：应选用干燥、疏松、无结团、洁净的填料，根据工程量的大小，储备适量的填料，储存在干燥的环境内，避免与潮湿的空气相接触。

（5）水的选用：考察当地水源，根据就近原则选用符合工程用水要求的水，并储存在洁净的储水罐中备用。

（6）为保证混合料的拌和质量，对购进的集料堆放采取搭棚遮盖，改性乳化沥青的储存时间不宜过长，在不耽误工程进度的情况下可以现产（购）现用。

（7）集料掺配宜采用具有储料、计量和掺配功能的配料设备完成。

7.4 铺筑试验段

7.4.1 一般要求

（1）纤维微表处正式施工前，应选择合适路段摊铺试验段。试验段长度不小于200m。

(2)通过试验段的摊铺,确定施工工艺。

(3)根据试验段的摊铺情况,在设计配合比的基础上做小范围调整,确定施工配合比。施工配合比的油石比不应超出设计油石比±0.2%的范围;纤维用量不应超过设计用量±0.2%的范围;施工配合比的矿料级配不应超出表13规定的相应级配类型的各筛孔通过率上下限,且以矿料设计级配为基准,施工配合比的矿料级配中各筛孔通过率不应超过表13规定的允许波动范围。施工配合比的油石比或者矿料级配的调整幅度超出上述规定时,必须重新进行混合料设计。

表13 纤维微表处矿料级配范围

级配类型	通过下列筛孔(mm)的质量百分率(%)							
	9.5	4.75	2.36	1.18	0.6	0.3	0.15	0.075
MS-2	100	90~100	65~90	45~70	30~50	18~30	10~21	5~15
MS-3	100	70~90	45~70	28~50	19~34	12~25	7~18	5~15
允许波动范围	—	±3%	±3%	±5%	±5%	±4%	±3%	±2%

7.4.2 配合比调整

尽管在配合比设计的过程中已经综合考虑到了路面的使用状况、气候状况、交通量等条件,尽可能设计出满足施工现场需求的配合比,但由于施工条件的不断变化,当设计配合比不能很好地满足施工条件时,可根据试验段情况在设计配合比的基础上做动态调整,使稀浆混合料具有更好的施工性能和路用性能。

7.4.2.1 级配的调整原则

(1)根据纤维微表处的使用功能调整其摊铺厚度。在交通量较大的路段应采用偏粗的级配,在交通量较小的路段选择的级配可适当偏细。

(2)对于路面有微裂缝需要填封的路段应选级配较细,拌和形成的稀浆会填充缝隙。

(3)路面出现麻面的,由于粗集料散失造成的,选择较粗的级配,由于粉性集料散失造成的,应选择较细的级配。

(4)在炎热地区,选择级配偏粗的,在多雨地区选择级配偏细的。

(5)生产配合比的集料级配不应超出表13规定的相应级配类型的各筛孔通过率上下限,且以集料设计级配为基准,集料级配的调整幅度超出上述规定时,必须重新进行混合料设计。

7.4.2.2 沥青用量的调整原则

(1)原路面状况:原路面贫油则加大沥青用量,原路面泛油则减小沥青用量,沥青用量的变化范围根据实际情况而定。

(2)交通量:交通量较大则应该适当减小沥青用量,重载车辆较多,则行车道沥青用量应相应地减小。

(3)气候条件:施工地区炎热则减小沥青用量,施工地区寒冷则增大沥青用量。

(4)施工季节:炎热季节施工,沥青用量应适当减小,低温季节施工沥青用量应适当增大。

(5)超车道和行车道的区别:超车道摊铺时沥青用量应比行车道增加0.2%~0.3%。

7.4.3 通过试验段得出的施工配合比和确定的施工工艺经监理或者业主认可后,作为正式施工依据,施工过程中不允许随意更改,必须更改时,应得到监理或者业主认可。

7.5 施工工艺流程

施工工艺流程见图3。

图 3 施工工艺流程示意图

7.6 施工中的操作要点

7.6.1 施工路段的封闭、清扫、画线

7.6.1.1 纤维微表处施工前应进行交通管制。为保证安全、顺利地施工,首先要和当地的交警及路政等交通执法部门协商,确定交通管制方案、交通封闭形式、封闭时间等。

7.6.1.2 对于整幅摊铺,热塑性路面标志等需要进行铣刨,对于分车道摊铺时应注意标线的保护。清理所有工作面上的泥浆、油污等杂物,必要时使用高压水或风机进行清理。

7.6.1.3 根据路幅宽度调整摊铺槽宽度,沿摊铺方向画出控制线。也可以直接以车道线、路缘石等为参照,保证走线顺直,美观。纵向接缝尽量设计在标线或者靠近标线的地方。

7.6.2 施工设备的调试和标定

7.6.2.1 施工机械和辅助工具均应备齐,对重要的施工设备应配备配件。对各种施工设备进行检修,确保工作状态良好。

7.6.2.2 根据确定的配合比对摊铺机进行标定,为施工提供参数。并根据试铺结果进行相应的调整,以确保施工质量。摊铺车在以下情况下必须进行计量标定:

（1）新工程开工时。
（2）原材料改变或配比发生较大变化时。
（3）施工设备发生变化时。

7.6.2.3 当改性乳化沥青蒸发残留物含量和集料含水率发生变化时,必须调整摊铺机的设定,确认材料配比符合设计配比后才可继续施工。

7.6.2.4 标定程序

根据室内试验得出的混合料配比,在标定曲线图上找出其相应的料门开度,然后将各料门开度调整好固定,以保证施工中能按此配比供料。

（1）集料标定。
①提前备好磅秤、称重用容器、接料用布及铁锹等,并将料仓装满料（石料采用施工设计用料）；
②按程序启动运转辅助发动机,同时将料门调定一开度（一般情况下,建议开至 130~140mm）；
③发动机转速保持在 2000r/min,将填料调速阀旋至最小,集料调速阀锁定在刻度 4,打开拌和器；
④打开集料开关,待出料正常时稍作停顿,在拌和器出料口下方放置一块较大的施工用布或一较

大容器;

⑤再次打开集料开关,同时用秒表开始计时;

⑥当时间达30s时(结合实际,根据经验,该时间也可定为20s或10s),关闭集料开关;

⑦称量输出集料质量,并记录数据;

⑧重复⑤～⑦步3次,计算平均值并记录;

⑨调节集料调速阀重复上述操作,分别得出对应5、6、…、13、14刻度时的平均出料量(结合实际,根据经验,也可选择部分刻度值)。

(2)纤维、填料与乳化沥青的标定参照集料的标定程序执行。标定资料应妥善保存,并认真分析,找出规律,不断积累经验。标定并非一标而定,为确保施工质量,应引起对标定工作的重视。

7.6.2.5 标定分为机械标定和体积标定,标定程序应根据机械型号而定。

7.6.3 施工路段的摊铺

施工准备工作完成后,便可以进行纤维微表处罩面混合料的摊铺:

7.6.3.1 将符合各项要求的各种材料装入标定好的摊铺车内。

(1)将摊铺车开至施工起点处,根据施工路段的路幅宽度,调整摊铺槽宽度,应尽量减少纵向接缝数量,在可能的情况下,宜使纵向接缝位于车道线附近。

(2)对准控制线,放下摊铺槽,在起点处的摊铺槽下铺垫一块铁皮,当摊铺机前进后,将铁皮连同上面的混合料一同取走,这样可以保证一个非常整齐平顺的起点和良好的外观。

(3)打开摊铺车各传动离合器,开动发动机,使各部位准备进入工作状态。

(4)按生产配合比设计和现场集料含水率,依次或同时按配比输出集料、填料、水和乳液,进行拌和。初始未拌和均匀的混合料应由跟机工人用铁锹接走后,倒入废料车内。

(5)当混合料注满摊铺槽容积的1/2以上时,开动摊铺车匀速前进,摊铺车应以1.5～3km/h(0.4～0.83m/s)的速度行驶,其摊铺速度根据拌和能力、摊铺厚度、宽度及连续摊铺的长度而定。需要时可打开喷水管,喷水湿润路面。

(6)摊铺速度应保持混合料摊铺量与拌和量基本一致,保持摊铺槽中混合料的体积为摊铺槽容积的1/2～2/3。当摊铺车内任何一种材料快用完时,应立即关闭所有输送材料的阀门,让搅拌器中的混合料搅拌完,并送入摊铺槽摊铺完后,摊铺车停止前进,提起摊铺槽。

7.6.3.2 施工人员应立即将施工末段一定范围内的材料清除,装入废料车中。

7.6.3.3 卸下摊铺箱,并及时对摊铺箱和刮皮进行清理,摊铺车开至料场装料。

7.6.4 养生

稀浆混合料在铺筑后,在开放交通前禁止一切车辆和行人通行。

7.6.5 碾压

7.6.5.1 准备工作

采用16t轮胎压路机对试验路进行碾压。碾压前,为了避免轮胎压路机出现粘轮现象,宜在压路机轮胎上洒水,并清除异物。

7.6.5.2 碾压时机及遍数

碾压过早,纤维微表处混合料尚无破乳,此时进行碾压会出现粘轮现象;碾压过晚,纤维微表处混合料已经完全硬化,压路机碾压对微表处路面的表面纹理影响较小。实际碾压时机应根据施工现场的天气状况确定。通常状况下,气温为25℃时,微表处混合料摊铺1h左右可进行碾压;而气温为20℃左右时,微表处混合料摊铺2h后方能进行碾压。碾压次数需根据现场情况确定,试验路碾压次数为2～4次,碾压速度为4km/h。

7.6.5.3 注意事项

压路机的碾压路线及碾压方向不应突然改变或停止。

7.6.6 开放交通

混合料能够满足开放交通的要求后应尽快开放交通。

8 施工质量控制

8.1 施工前材料与设备检查

8.1.1 出具报告

施工前必须提供配合比设计报告,并确认符合要求,在确认材料、设备等没有发生变化后方可施工。

8.1.2 施工前材料的质量检查

施工前材料的质量检查应以同一料源、同一批并运至生产现场的相同规格品种的集料、改性乳化沥青等以"批"为单位进行检查。检查频率和要求见表14。矿料级配和砂当量指标不能满足设计要求的,必须重新选择矿料。

表14 纤维微表处罩面层施工前的材料质量检查与要求

材料	检查项目	要求值	检验频率
改性乳化沥青	表1要求的检测项目	符合设计要求	每批来料一次
纤维	表4要求的检测项目		
矿料	砂当量		
	级配①		
	含水率	实测	每天一次

注:①矿料级配符合设计要求,是指实际级配不超出相应级配类型要求的各筛孔通过率的上下限,且以矿料设计级配为基准,实际级配中各筛孔通过率不得超过允许波动范围。

8.1.3 材料的质量控制

8.1.3.1 改性乳化沥青使用时的质量控制

(1)在使用时应先对沥青罐中的沥青进行循环,循环过后再使用。长时间存放的乳化沥青循环时,若储存罐是双口罐,进出油管应各放入一个口。若是单口,进出油管应置入乳液中不同的高度,且进油管在出油管上方。循环时间一般以储存罐内乳液的多少而定。

(2)对循环过的乳化沥青应仔细观察是否有颗粒。可采用表面不太粗糙的棒在乳化沥青中蘸一下,然后观察棒的表面是否有许多超常颗粒,当然通过在现场观察稀浆混合料大粒径集料表面也可发现。尤其在低温季节更应该注意这种情况发生。如果有,应在摊铺车上重新设定,将油石比上调0.2%~0.3%。

(3)存放时间较长的乳化沥青循环后装车时,进出油管口处均应放置滤网,并注意每车进行检查,看车上油滤网是否被颗粒封堵。

(4)低温施工时,如果乳液泵难以启动,或工作时转速不稳定,直接影响摊铺质量,这时可加热乳化沥青至50℃左右。

（5）改性乳化沥青存放时间较长或者即使存放时间不长,但已经分层,使用时必须进行循环,然后取样过1.18mm筛后进行蒸残试验,检测油水比。

8.1.3.2 纤维质量控制

纤维在混合料中的分散情况直接影响到纤维微表处混合料的性能。如果分散不均匀,纤维就会在混合料中结团,导致吸收较多沥青,从而使混合料中的沥青分散不均匀,影响混合料的长期路用性能。因此在施工的过程中应保证纤维分散的均匀性。

8.1.3.3 集料的质量控制

集料主要起骨架支撑作用,其表面必须干净、粗糙、无风化、无杂质,能与沥青良好黏结,保证路面整体性和黏结性。当单一规格集料的质量指标达不到表14要求,而按照集料配比计算的质量指标符合要求时,工程上允许使用。对受热易变质的集料,宜采用经拌和烘干后的集料进行检验。

8.1.3.4 施工前对摊铺机械的检查

施工前应对摊铺机的性能、标定和设定以及辅助施工车辆配套情况、性能等进行检查。

当改性乳化沥青蒸发残留物含量和矿料含水率发生变化时,必须调整摊铺机的设定,确认材料配比符合设计配比后才可施工。

8.2 施工过程的质量控制

8.2.1 对稀浆混合料的质量控制

施工中应对稀浆混合料进行抽样检测,抽检项目、频率、允许误差及方法如表15所示。

表15 纤维微表处罩面层施工过程检验要求

项　目	要　求	检验频率	检验方法
稠度	适中	1次/100m	经验法
油石比	施工配合比的油石比±0.2%	1次/日	三控检验法
矿料级配	满足施工配合比的矿料级配要求①	1次/日	摊铺过程中从矿料输送带末端接出集料进行筛分
外观	表面平整、均匀,无离析,无划痕	全线连续	目测
摊铺厚度	±10%	5个断面/km	钢尺测量或其他有效手段,每幅中间及两侧各1点,取平均值作为检测结果
浸水1h湿轮磨耗	不大于540g/m² 纤维微表处	1次/7个工作日	规范规定试验方法

注：①矿料级配满足施工配合比的矿料级配要求,是指矿料级配不超出相应级配类型要求的各筛孔通过率的上下限,且以施工配合比的矿料级配为基准,实际级配中各筛孔通过率不超过表13规定的允许波动范围。

8.2.2 经验法进行稠度检验

由于现场环境温度、湿度、集料的含水率、路面湿润状况等条件的影响,在现场往往需要根据实际情况对用水量进行微调以保持稀浆混合料合适的稠度。必要时可采用如下的经验法进行现场的稠度试验来确认现场条件下的最佳用水量：

8.2.2.1 在刚刚摊铺出的稀浆混合料上用直径10mm左右的细棍画出一道划痕,如果划痕马上就被两边的材料淹没,说明混合料的稠度偏稀,应适当降低用水量；如果划痕两边的材料呈松散状态,说明混合料过稠甚至已经破乳;如果划痕能够保持3~5s后才被周围材料覆盖,周围的材料仍然有一定的流淌性,说明混合料的稠度合适。

8.2.2.2 迎着太阳照射方向观察刚刚摊铺出的材料层,如果表面有大面积亮光的反光带,说明混合料用水量偏大,稠度偏稀;如果刚刚摊铺出的材料层干涩,没有反光,说明混合料偏稠;如果刚刚摊铺出的材料层对日光呈现漫反射,说明稠度适宜。

8.2.3 摊铺时细节的控制

8.2.3.1 在施工中,要控制横接头衔接和平整度。横接头的衔接是影响纤维微表处外观质量的重要方面,因此横接缝的处理非常关键。横向接缝过多过密会影响外观和平整度,同时要尽可能减少横缝的数量。在桥面进行纤维微表处时要注意保护伸缩缝不被污染,可以在摊铺前在伸缩缝上粘一层塑料胶带,待摊铺后再撕掉。纤维微表处两幅纵横向接缝宜做成对接缝。

8.2.3.2 用3m直尺测量接缝处的不平整度,不平整度不得大于6mm,可使用橡胶耙等工具进行人工找平。纤维微表处不得有横向波浪和深度超过6mm的纵向条纹。横、纵向接缝处不得出现余料堆积和缺料现象。

8.2.3.3 施工中,超大粒径集料产生的纵向刮痕应尽快清除,不能及时清除的,必须立即停止摊铺,直至问题解决后方可继续施工。稀浆混合料摊铺后的局部缺陷,应及时使用橡胶耙等工具进行人工找平,找平的重点为个别超大粒径集料产生的纵向刮痕。

8.2.3.4 摊铺施工中,施工车走线要顺直,使外观线条整齐美观。施工过程中,操作手应灵活掌握各种情况,及时调整,以确保工程的质量。

8.2.3.5 采用双层摊铺或者纤维微表处车辙填充后再做纤维微表处罩面时,首先摊铺的一层应至少在行车作用下成型24h,确认已经成型后方可在上面再进行第二层摊铺。

8.2.3.6 当改性乳化沥青蒸发残留物含量和集料含水率发生变化时,必须调整摊铺车的设定,确认材料配比符合设计配比后方可继续施工。

8.2.3.7 控制开放交通的时间,养护期间严禁车辆驶入;混合料达到开放交通的条件后及时开放交通。

8.2.4 沥青用量的控制

采用以下"三控检验法"对混合料进行油石比检验:

8.2.4.1 每天摊铺前检查摊铺车料门开度和各个泵的设定是否与设计配比相符,认真记录每车的集料、填料用量和改性乳化沥青用量,计算油石比,每日一次总量检验。

8.2.4.2 摊铺过程中取样进行混合料抽提试验,检测油石比大小是否与设计油石比相符。

8.2.4.3 每50000㎡左右,统计一次施工用集料、填料和改性乳化沥青的实际总用量,计算摊铺混合料的平均油石比。

8.2.4.4 施工时,油石比检验以第1项为准,第2、3项作为校核。

8.2.5 摊铺厚度的控制

摊铺厚度对纤维微表处罩面的外观效果影响很大,所以施工过程中要对摊铺厚度进行检测和控制,厚度的检测方法有两种:

8.2.5.1 使用钢板尺在刚摊铺出的纤维微表处铺层上直接量取。

8.2.5.2 通过观察铺层状态,在路面状况相同、稀浆混合料浆状相同的情况下,如摊铺面出现稀浆较多,看上去粗集料较少则说明摊铺厚度偏厚,如某些部位明显粗集料增多,缺少稀浆,表面干涩,则可能是摊铺厚度偏薄。若超过厚度允许偏差值,则应立即对摊铺箱进行调整,以保证罩面的厚度。

8.2.5.3 当进行上坡路段施工时,摊铺槽中混合料在重力作用下向槽下聚集,导致摊铺厚度会变大;

反之,沿下坡方向摊铺时的厚度会变小,坡度越大,这种现象也就越明显。因此,在大纵坡路段施工时应特别注意调节摊铺厚度。

8.2.6 外观的控制

纤维微表处作为路面表面的一层,其外观质量直接关系到路面的美观与否,而且外观质量的好坏也直接反映了纤维微表处内在质量的好坏。纤维微表处路面的外观要求主要包括:

8.2.6.1 表面平整、密实、无松散、无划痕。

8.2.6.2 纵、横缝衔接平顺,外观色泽均匀一致。

8.2.6.3 与其他构造物衔接平顺,无污染。

8.2.6.4 摊铺范围以外无流出的稀浆混合料。

8.2.6.5 表面粗糙,无光滑现象。

8.2.7 摊铺箱的控制

摊铺箱的功能是把混合的稀浆以一致的形式分布在路面上。用哪种形式的摊铺箱常取决于封层的类型和摊铺速度。摊铺箱的清洁非常重要,每天工作结束后必须清洁摊铺箱。在每车摊完的间隙内,也应该清洁摊铺箱和后面的橡胶刮板。如果在橡胶板的边缘堆积过多凝固的颗粒,会在摊铺时形成划痕。摊铺箱不应有漏浆现象,其侧面应安装橡胶板以使侧面保持整洁。摊铺箱的橡胶板厚度应一致,这样在摊铺的封层表面就不会留下纵向不均匀的划痕式凸起的条纹,橡胶刮板的宽度、厚度和硬度应满足理想摊铺效果的需要。

合适的橡胶刮皮可以保证封层所需要的厚度。如果刮皮材料太厚太硬,就会使混合料分离并挡住大颗粒,使其不能摊铺出去,形成划痕;如果刮皮太软太薄,就会造成多层稀浆通过刮板。不同的橡胶和合成材料适合做成不同硬度的刮皮,有的纤维微表处在摊铺时甚至需要钢刮板。

也可使用第二道橡胶刮板,以减少或消除表面可能出现的横向波纹。

8.3 交工验收阶段的质量检查与验收

工程完工后 1~2 个月时,将施工全线以 1~3km 作为一个评价路段进行质量检查和验收,检查项目、频率、要求及方法如表 16 所示。

表 16 纤维微表处罩面层交工验收检验要求

项 目		质 量 要 求	检验频率	方 法
表观质量	外观	表面平整、密实,均匀,无松散,无花白料,无轮迹,无划痕	全线连续	目测
	横向接缝	对接,平顺	每条	目测
	纵向接缝	宽度<80mm 不平整差<6mm	全线连续	目测或用尺量 3m 直尺
	边线	任一 30m 长度范围内的水平波动不得超过 ±50mm	全线连续	目测或用尺量
抗滑性能	摆值 F_b(BPN)	高速公路、一级公路 ≥45	5 处/km	T 0964
	横向力系数	高速公路、一级公路 ≥54	全线连续	T 0965
	构造深度 TD(mm)	高速公路、一级公路 ≥0.60	5 处/km	T 0961

17

表 16（续）

项　目	质量要求	检验频率	方　法
渗水系数	≤10mL/min	3 处/km	T 0971
厚度	±10%	3 处/km	钻孔或其他有效方法

注：横向力系数和摆值任选其一作为检测要求。

罩面层在开放交通后最初的 1 个月之内处于不稳定状态：固化成型不断进行，个别粗集料可能会飞散，石料表面的沥青膜也会磨损。如果此时进行竣工验收，测得的数据无法反映真正的工作状态，因此将竣工验收定为完工后的 1~2 个月时进行，此时材料层的状况已经基本稳定了，测得的数据可靠、有代表性。

9 常见的问题及解决方法

9.1 局部缺陷处治

出现局部缺陷时，应通过以下方式解决：

9.1.1 摊铺车不能到达的区域，必须通过人工摊铺来完成，应使用手工摊铺工具补摊，以保证纤维微表处处治完整和一致。

9.1.2 人工摊铺时，首先应该湿润原沥青路面，确保纤维微表处的整体性。混合料中的水会减少路面的张力，有利于人工操作，因此可适当增加人工摊铺时的用水量。

9.2 混合料过早破乳

混合料过早破乳时应通过以下方式解决：

9.2.1 调节水量。

9.2.2 掺加缓凝剂、乳化剂水溶液（乳化剂应与乳化沥青乳化剂是一类）、硫酸铝等缓破剂。

9.2.3 改变填料剂量。

9.2.4 预湿水。

9.2.5 适当地调整乳化沥青的配方，增大乳化剂剂量，降低皂液 pH 值。

9.2.6 夏天高温时段，选择在早上和下午气温相对较低的环境下施工。

9.3 表观不均匀

表观不均匀时的处理方法如下：

9.3.1 当出现中间表观细两边表观粗时，应查看原路面厚度是否一致或机械是否运转正常。

9.3.2 当出现一边表观粗一边表观细时，解决办法就是时刻根据原路面的变化调整两边以及中间摊铺厚度。

9.3.3 当出现每车摊铺的表观不一致时，解决的办法是要求生产级配料尽可能均匀，另外装载机司机的经验也很重要，成堆的石料肯定有离析现象，装车时注意不要只从一个地方装，要从粗细不同的部分取料。

9.3.4 表观不均匀也有可能是水量控制的不同导致。水量过小，会产生表面粗糙，水量过大，表面比较细密，所以要根据气温、路面情况适时调整水量。

9.4 光路板

当出现光板路时,应控制好油石比,适当调整级配料的筛分曲线偏向规范的下限,粗集料一般选用玄武岩或花岗岩等质地坚硬的石料。

9.5 接缝

9.5.1 当出现横缝不美观时,应在一车料摊铺完成后,用铁锹将末端的混合料铲除至齐边,用铁皮将上一施工段末端1m覆盖,保证铁皮前端与纤维微表处层边缘平齐,将摊铺车后退,使摊铺箱后缘落在铁皮上,启动摊铺,然后将铁皮连同上面的稀浆混合料取走,倒入废料车中。

9.5.2 当出现纵缝不齐时,应严格控制用水量,防止"跑浆",另外司机技术过硬、责任心强是非常重要的。

9.6 表面划痕

9.6.1 应严把集料的质量关,在摊铺车内尽可能不混入超粒径颗粒。同时,为了防止破乳成团的混合料造成表面划痕,摊铺完成后要清理干净搅拌缸内结团的混合料。

9.6.2 摊铺后缘的橡胶刮板不清洁,粘有破乳硬结的混合料,使得刮出的纤维微表处表面有深度较浅的多条划痕。为了避免这一问题的出现,每一车摊铺完毕后,应认真清理摊铺箱,特别将橡胶刮板清理干净。

9.6.3 调整摊铺厚度至合适位置。

9.7 泛油

纤维微表处路段若出现泛油,表面光滑,则抗滑性能大大降低,丧失了纤维微表处的一个重要功能。针对不同的原因有相应的处理办法:

9.7.1 当为设计油石比过大产生的泛油时,应采用相对较低的设计油石比。

9.7.2 当为纤维微表处摊铺车标定或设定有误产生的泛油时,应检查摊铺机的标定是否有误,重新进行标定。

9.7.3 当为假泛油(注)时,应严格控制用水量,防止用水过多造成"假泛油"现象。

注:施工中混合料用水量过多,造成浮浆,显示泛油特征,这实际上是"假泛油"。

9.8 脱落掉粒

9.8.1 应考虑是否为油石比过小或乳化沥青有质量问题。

9.8.2 要注意施工时天气变化,在气温较低、雨天或破乳前下雨,容易发生掉粒严重的现象。

9.8.3 及时发现摊铺过程中漏铺的情况,迅速将刚拌和好未破乳的混合料倒入漏铺的地方,人工用橡胶耙及时刮平。